EL ARTE PARA NIÑOS

ANIMALES

SUSIE BROOKS

Puede consultar nuestro catálogo
en www.edicionesobelisco.com / www.picarona.net

El arte para niños: Animales
Texto e Ilustraciones del proyecto: *Susie Brooks*

1.ª edición: febrero de 2015

Título original: *Get Into Art - Animals*

Traducción: *Ainhoa Pawlowsky*
Maquetación: *Montse Martín*
Corrección: *M.ª Ángeles Olivera*

Edita: Picarona, sello infantil de Ediciones Obelisco, S. L.
Pere IV, 78 (Edif. Pedro IV) 3.ª planta, 5.ª puerta
08005 Barcelona - España
Tel. 93 309 85 25 - Fax 93 309 85 23
www.picarona.net
www.edicionesobelisco.com

ISBN: 978-84-16117-18-5
Depósito Legal: B-20.347-2014

Printed in China

Créditos de las ilustraciones

Al editor le gustaría dar las gracias a las siguientes personas por concederle permiso para reproducir su material. Hemos realizado todos los esfuerzos necesarios para localizar a los propietarios de los derechos de autor. No obstante, si se ha producido una omisión no intencionada o no ha sido posible localizar a los propietarios del copyright, pedimos disculpas por anticipado y, en caso de que se nos informe, haremos todo lo posible por corregirlo en las ediciones siguientes.
Superior=s; Inferior=i; Centro=c; Izquierda=iz; Derecha=d
Portada y página 26 *Retrato de Maurice* de Andy Warhol/The National Galleries of Scotland, Edimburgo; página 6 *El caracol* de Henri Matisse/The Tate Gallery, Londres; 8 *Suspense* de Edwin Landseer/V & A Museum, Londres/Bridgeman Art Gallery; 10 *Jirafa con pliegues* de Alexander Calder/The Calder Foundation/Colección privada/Bridgeman Art Library; 12 *El pájaro* de Georges Braque/Private Collection/Bridgeman Art Library; 14 *El pavo real y la urraca* de Edward Bawden/con el permiso de Peyton Skipwith/ Fry Art Gallery, Saffron Walden/Bridgeman Art Gallery; 16 *Peces (E59)* de M. C. Escher/ The Escher Foundation, Países Bajos; 18 *Carnaval de Arlequín* de Joan Miró/Albright-Knox Art Gallery, Buffalo/The Art Archive; 20 Shutterstock/Terry Alexander; 21 Shutterstock/2009fotofriends; 22 *La vaca amarilla* de Franz Marc/Solomon R. Guggenheim Museum, Nueva York/AKG Londres; 24 Bridgeman Art Library/ Paul Freeman; 28 *Jinetes bajo la lluvia* de Edgar Degas/CSG CIC Glasgow Museums Collection.

ÍNDICE

4 PIENSA EN UN ANIMAL
Primeros pasos

6 EL CARACOL
Henri Matisse
Recorta una serpiente (proyecto de *collage*)

8 SUSPENSE
Sir Edwin Landseer
Amigos peludos (proyecto de pintura)

10 JIRAFA CON PLIEGUES
Alexander Calder
Monos con pliegues (proyecto de manualidad con papel)

12 EL PÁJARO
Georges Braque
Grabado marino (proyecto de grabado)

14 EL PAVO REAL Y LA URRACA
Edward Bawden
Plumas fabulosas (proyecto de esgrafiado)

16 PECES (E59)
M. C. Escher
Mosaico de peces (proyecto de teselado)

18 CARNAVAL DE ARLEQUÍN
Joan Miró
Seres alocados (proyecto de creación de animales imaginarios)

20 LOS TÓTEMS
Wayne Alfred, Beau Dick y Ellen Neel
Tótem artesano (proyecto de creación de un tótem)

22 LA VACA AMARILLA
Franz Marc
Ovejas expresivas (proyecto de colores y estados de ánimo)

24 DRAGÓN CHINO
Artista chino
Dragón cautivador (proyecto de pintura en un plato de papel)

26 RETRATO DE MAURICE
Andy Warhol
Gatos de colores (proyecto de estarcido)

28 JINETES BAJO LA LLUVIA
Edgar Degas
Carrera de caballos bajo la lluvia (proyecto de pastel)

30 LÉXICO E INFORMACIÓN SOBRE ARTE

31 LISTA DE MATERIALES PARA LOS PROYECTOS

32 ÍNDICE ANALÍTICO

PIENSA EN UN ANIMAL

Si tuvieras que dibujar un animal, ¿cuál escogerías?
¡Hay tantos entre los que elegir que puede ser difícil decidirse! Los animales son un tema excelente para los artistas porque los hay de muchas formas, colores y rasgos entre los que escoger. Desde mascotas simpáticas, bestias salvajes y feroces y pájaros de colores, hasta animales imaginarios, todos ellos han aparecido en pinturas, esculturas y otras obras de arte.

Observa cómo los **animales han inspirado a los artistas famosos** de distintas maneras ¡y **deja que te inspiren a ti también**! Cada página de este libro tratará de una obra de arte y de la persona que la creó. Cuando levantes la solapa, encontrarás un proyecto basado en esa obra de arte. No creas que tienes que copiarlo con exactitud. ¡Parte de la diversión del arte reside en crear algo propio!

PRIMEROS PASOS

En la página 31 encontrarás una lista de los materiales necesarios para cada proyecto, aunque es recomendable que leas todos los pasos antes de empezar. También hallarás varios consejos prácticos en la página siguiente...

Ten siempre a mano un **lápiz** y una **goma**. Hacer un esbozo te ayudará a planear un proyecto y descubrir el aspecto que tendrá.

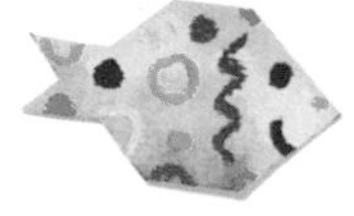

ELIGE TU PINTURA...

Las **pinturas acrílicas** son espesas y brillantes: son ideales para colores intensos o texturas como pieles con mucho pelo. Las **témperas líquidas** son más económicas que las acrílicas y también son brillantes. Úsalas cuando necesites mucha pintura.

Las **acuarelas** proporcionan un coloreado más diluido: pruébalas sobre pasteles al óleo o lápices de cera, o dibuja sobre ellas con tinta.

Utiliza una mezcla de **pinceles** gruesos y finos. Ten preparado un tarro de mermelada o un vaso de plástico lleno de agua para limpiarlos y una **paleta** o un plato de papel para mezclar la pintura.

pintura acrílica

¡Cubre la superficie con un poco de papel de periódico antes de empezar a pintar!

Acuarela

Pintura con esponja

PRUEBA LOS PASTELES...

Los **pasteles al óleo** tienen un aspecto brillante y ceroso, como los lápices de cera. Los **pasteles blandos** se pueden difuminar y mezclar como la tiza.

pasteles al óleo

pastel blando

Para pintar, utiliza un **papel de dibujo** o **para acuarela** que sea grueso, porque si es demasiado fino se arrugará. El **papel para pastel** tiene una superficie rugosa que retiene el color.

Reúne varios papeles y cartulinas de colores para hacer *collages* y figuras tridimensionales.

¿Todo listo para empezar? ¡Vamos a introducirnos en el arte!

Busca por casa otros materiales artísticos. Algunos objetos útiles pueden ser esponjas, trapos o telas, palillos de cóctel, pajitas para beber, tijeras, pegamento, cuerda, rodillos y una máquina para agujerear papel.

En la vida real, este cuadro es enorme: ¡mide casi 3 metros cuadrados! Es un *collage* de papel pintado pegado sobre papel blanco y después sobre lienzo. Matisse llamaba a este método «dibujar con tijeras».

EL CARACOL

Henri Matisse 1953

¡Es posible que tengas que mirar dos veces antes de encontrar el caracol en esta pintura! No hay ningún contorno, pero Henri Matisse ha creado la idea de un caracol colocando trozos de colores en un motivo con forma de espiral.

Dibujar con color

Cuando Matisse pintó *El caracol* tenía 84 años. Como su salud no le permitía permanecer en pie y dibujar, utilizó el color como punto de partida. Sus ayudantes pintaban hojas de papel de colores puros, y luego Matisse los recortaba o dividía en distintas formas.

Matisse elegía los colores con mucho cuidado. Aunque no son los de un caracol de verdad, se trata de colores cálidos y vivos. Matisse sabía que los colores complementarios, como el rojo y el verde, parecen más intensos cuando están uno junto al otro. La manera en que colocó las piezas hace que éstas sobresalgan como si el caracol se estuviera moviendo. ¡Parece que se esté escabullendo del marco dentado de color naranja!

¿QUIÉN FUE MATISSE?

Henri Matisse nació en Francia en 1869. Su primer trabajo fue como abogado, pero no le gustaba demasiado. A los 20 años enfermó y tuvo que permanecer muchas horas en cama. Su madre le regaló una caja de pinturas para que se entretuviera, ¡y enseguida supo que se convertiría en artista! Matisse pintó muchos cuadros famosos con su característico estilo colorido.

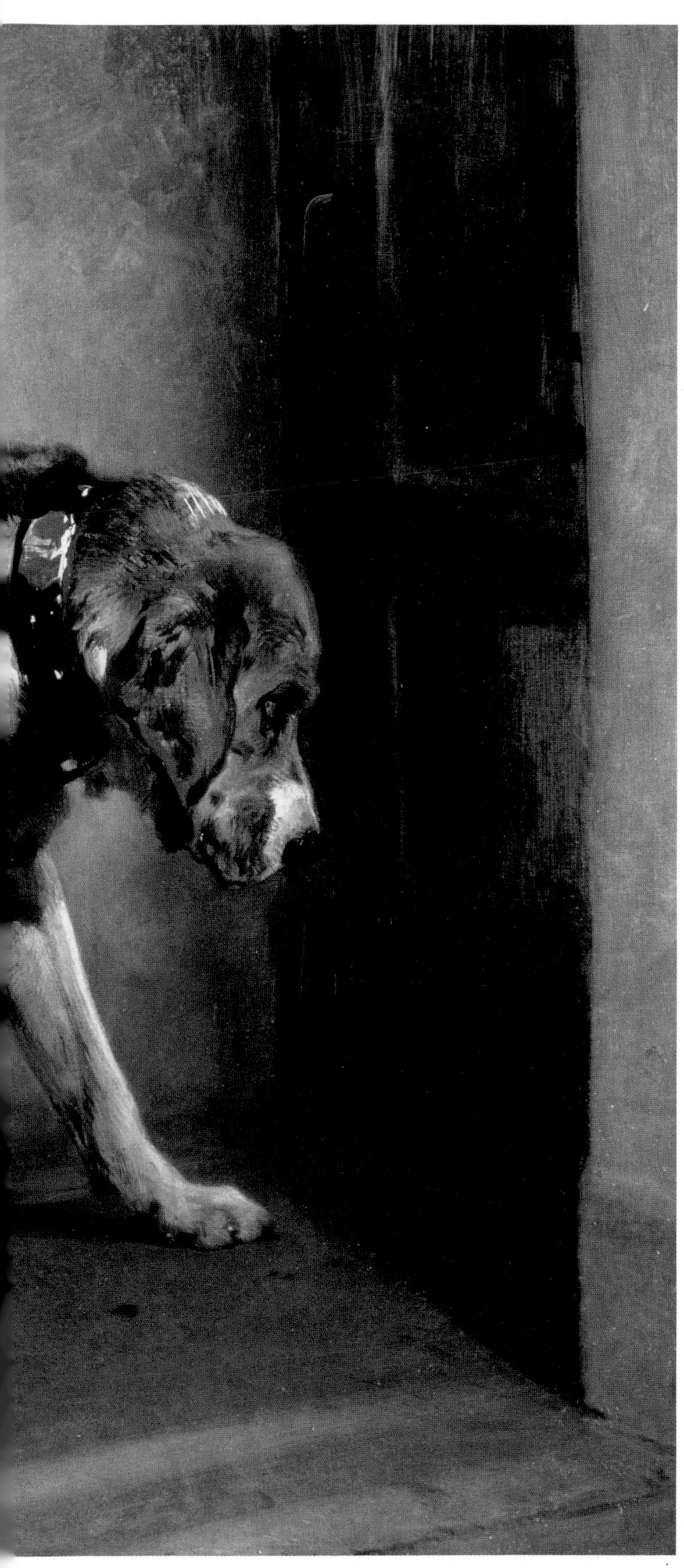

SUSPENSE

Sir Edwin Landseer 1861

¿A quién espera este perro? ¿Qué hay detrás de la puerta?
¡Landseer quería que nos hiciéramos este tipo de preguntas cuando pintó *Suspense*! Su cuadro narra una historia, pero deja que seamos nosotros los que la averigüemos.

Observa la historia

Si prestas atención, descubrirás algunas pistas. Hay gotas de sangre en el suelo... una pluma arrancada de un sombrero... los guantes de la armadura de un caballero sobre la mesa. Parece que el propietario del perro está herido y lo han desplazado por la casa.

El perro está sentado sobre sus patas traseras, mirando de cerca la puerta. Podemos decir que está preocupado y deseando correr al lado de su dueño. Las hábiles pinceladas de Landseer nos hacen sentir que el animal está vivo. La luz brilla sobre su rostro ansioso y tiene los pelos de punta en el cuello. Está inclinado hacia delante, preparado para alzarse en cualquier momento, pero sólo podemos imaginar lo que encontrará.

¿QUIÉN FUE LANDSEER?

Edwin Landseer nació en Inglaterra en 1802, en el seno de una familia de artistas. Empezó a dibujar tan pronto supo sujetar un lápiz, y a los 13 años ya exponía sus obras. Los animales eran su tema favorito: ¡incluso hay una raza de perro que se llama como él! Landseer también hacía esculturas, como los enormes leones de bronce de la plaza de Trafalgar de Londres.

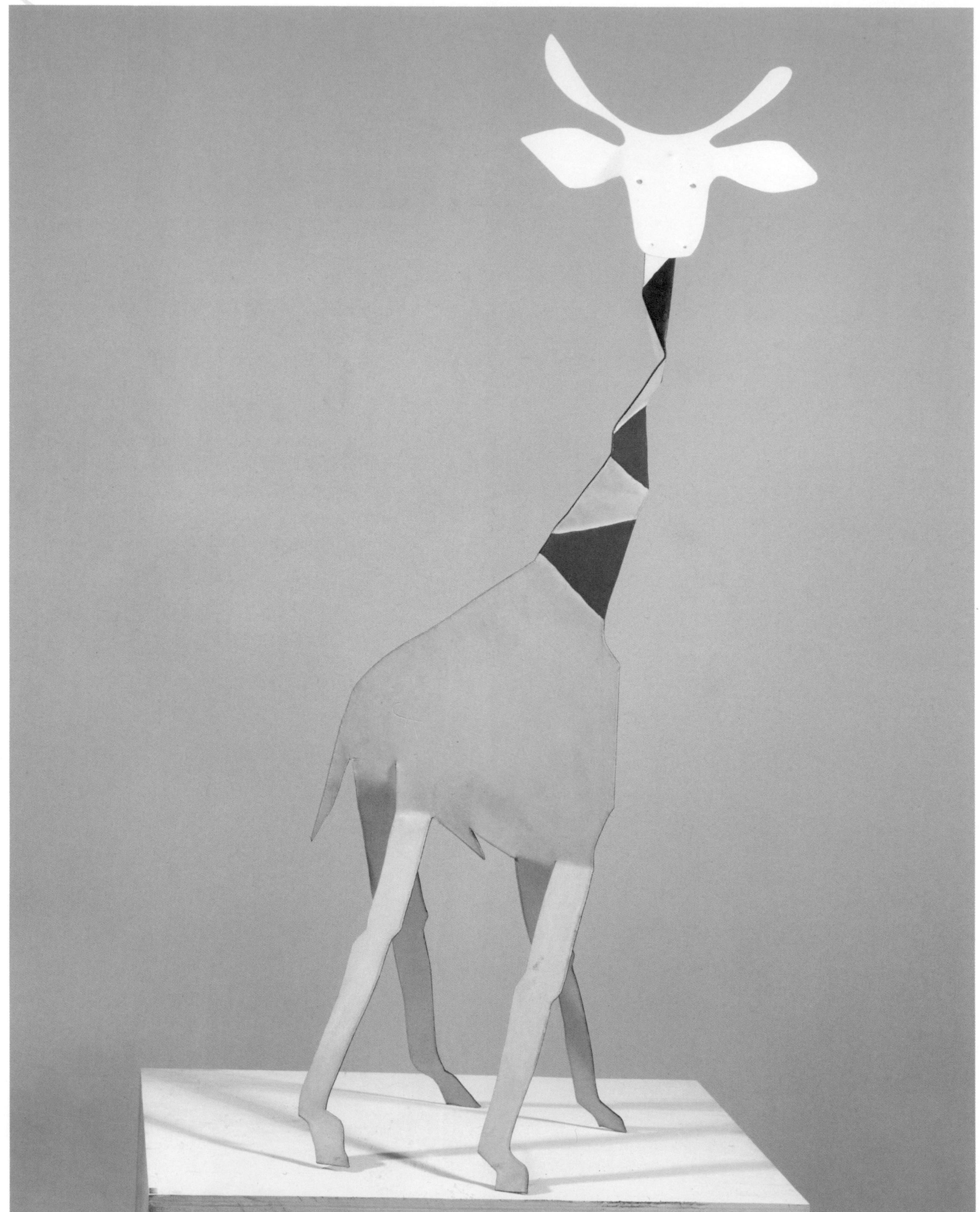

JIRAFA CON PLIEGUES

Alexander Calder 1971

En 1926, Calder construyó todo un circo de animales y actores con madera, alambre, corcho y tela. ¡Los guardaba en maletas y viajaba haciendo actuaciones!

Esta jirafa no se marcha a ninguna parte, pero si caminas a su alrededor, casi parece que se mueva. Calder era famoso por sus esculturas dinámicas, de las cuales, algunas se mueven de verdad.

Animóviles

Jirafa con pliegues está construida con metal pintado y cortado en formas sencillas. El metal plano tiene un aspecto diferente desde los distintos ángulos, por lo que parece que el cuello con pliegues se mueva y gire. Calder hizo todo un conjunto de animales con pliegues como éste. ¡Su mujer los llamaba animóviles!

La palabra Animóvil procede de *animal* y *móvil*, y es que Calder también inventó el móvil. Su primer móvil tenía motor, pero pronto se dio cuenta de que las figuras suspendidas se movían por sí solas. Experimentó con distintos materiales, entre ellos el metal, el alambre y la madera.

¿QUIÉN FUE CALDER?

Alexander Calder nació en 1898 en Estados Unidos. Su padre era escultor y su madre pintora, pero Alexander estudió para ser ingeniero. Más adelante, fue a la escuela de arte y viajó a París por trabajo. Utilizaba la naturaleza como inspiración para móviles abstractos, «stabiles» permanentes y gigantes esculturas de exterior que se exhiben en todo el mundo.

G.B

EL PÁJARO

Georges Braque 1949

¡A primera vista, quizás pienses que este dibujo lo ha hecho un niño! Las figuras son sencillas y los colores, vivos. De hecho, Braque lo creó para niños, como parte de un proyecto para las escuelas después de la segunda guerra mundial.

El primer grabado

La idea fue de una mujer de Londres, que decidió que las escuelas debían tener grandes obras de arte en sus paredes. Viajó a París y convenció a artistas como Braque para que la ayudasen. Éstos crearon obras utilizando un nuevo tipo de impresión litográfica. Como cada una tenía un borde alrededor, ¡no era necesario que tuviesen marco!

A Braque le gustaban las formas llamativas y sencillas; en particular, le encantaba pintar pájaros. En este grabado, las figuras resultan familiares, aunque flotan en un decorado imaginario. Los colores primarios rojo, amarillo y azul resultan alegres y frescos en contraste con el blanco.

¿QUIÉN FUE BRAQUE?

Georges Braque nació en Francia en 1882. Se formó como pintor y decorador, aunque estudiaba arte por las tardes y pronto adoptó el fauvismo, un nuevo estilo de pintura con colores vivos. Más adelante se pasó al cubismo y utilizó formas simples y el *collage*. Durante la primera guerra mundial lo hirieron y tuvo que dejar de pintar. Más tarde experimentó con grabados y esculturas.

Con el permiso de Peyton Skipwith/Fry Art Gallery, Saffron Walden/Bridgeman Art Gallery

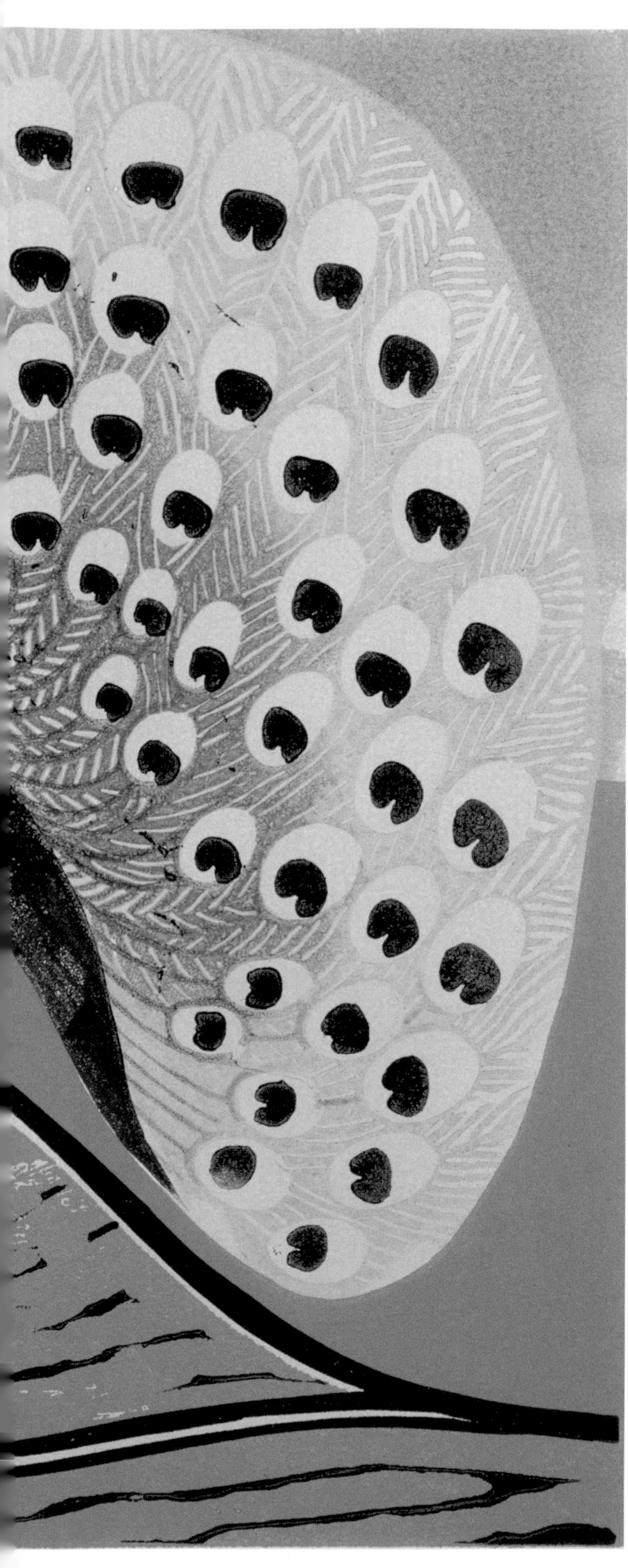

EL PAVO REAL Y LA URRACA

Edward Bawden 1970

¿Qué es lo primero que ves en esta pintura? ¡Probablemente el pavo real con su deslumbrante cola con forma de abanico! Bawden nos muestra el carácter orgulloso de este pájaro al ilustrar una de las fábulas de Esopo.

Una cola de fábula

Las fábulas son historias con una moraleja, que significa que nos enseñan una lección. En ésta, el pavo real afirma que él debería ser el rey de las aves. Las demás están impresionadas con su aspecto espléndido, pero la urraca duda de si podrá protegerles frente a las águilas y otros depredadores. La moraleja es: escucha las advertencias de los demás.

Badwen cortó este decorado en linóleo y luego lo imprimió en tinta sobre papel. Las líneas nítidas aclaran la historia, aunque también son decorativas. El amarillo del pavo real atrae nuestra atención, igual que a las aves. Sólo si nos fijamos bien vemos que la urraca está hablando con prudencia a la multitud.

¿QUIÉN FUE BAWDEN?

Edward Bawden nació en Inglaterra en 1903. Se hizo famoso por sus numerosas obras artísticas, como ilustraciones para libros, carteles publicitarios, murales y muebles de metal. ¡Hizo las ilustraciones del metro de Londres e incluso diseñó porcelanas para barcos de pasajeros!

PECES [E59]

M. C. Escher 1942

Escher hizo 137 ilustraciones como ésta. Compuso patrones utilizando lagartos, ranas, insectos, pájaros e incluso figuras humanas. Su obra siempre ha fascinado a matemáticos pero, curiosamente, ¡Escher tenía dificultades con esta disciplina en la escuela!

¡Por mucho que lo mires, no vas a encontrar ni un solo hueco entre los peces! Escher tomó la forma de un animal y la convirtió en un patrón perfecto, un método que se denomina teselado.

El estilo del teselado

El teselado consiste básicamente en crear un mosaico en el que todas las piezas encajan a la perfección. ¡Por supuesto, es mucho más difícil crear un mosaico con la forma de un animal que con un simple cuadrado o triángulo! Escher empezó con formas geométricas y después las cambió por formas curvas. Las giró, les dio la vuelta y las repitió para crear los patrones.

En esta pintura podemos ver dos tipos de peces. Es como mirar a través de un caleidoscopio. Escher los dibujó sobre papel cuadriculado y luego los coloreó con lápices, tinta y acuarela. Le gustaba la idea de que el patrón podía seguir indefinidamente, ¡aunque tuvo que detenerse cuando llegó casi al final de la página!

¿QUIÉN FUE ESCHER?

Maurits Cornelis Escher nació en Holanda en 1898. Su interés por la unión de formas empezó en un viaje a la Alhambra, un castillo morisco de España. Durante sus viajes hacía dibujos y esbozos y, cuando regresaba a casa, hacía grabados de los edificios que había visto. En sus obras le encantaba engañar a la vista y jugar con espacios imposibles. ¡Convirtió el mundo en un lugar misterioso e increíble!

CARNAVAL DE ARLEQUÍN

Joan Miró 1924-1925

¿Alguna vez has visto cosas en sueños que no tenían ningún sentido en la vida real?
¡Miró nos lleva a un lugar de ensueño con esta pintura de una fiesta extraña pero alegre!

Un caos carnavalesco

Aquí, los seres no son los animales que conocemos, aunque probablemente puedas reconocer algunas figuras. Hay insectos con alas, arañas, un pez y dos gatos jugando con un cordel. Personajes coloridos saltan por el lienzo, bailando al ritmo de las notas musicales que flotan en el aire.

Cuando Miró pintó este cuadro, era pobre y estaba hambriento. Tal vez por eso la figura principal, el Arlequín, tiene un agujero en el estómago, que tiene forma de guitarra. Parece triste a pesar de estar en este escenario alegre y juguetón. Miró decía que el hambre le hacía alucinar o ver cosas que realmente no estaban allí.

¿QUIÉN FUE MIRÓ?

Joan Miró nació en España en 1893. En un viaje a París en la década de 1920, empezó a interesarse por un estilo artístico llamado surrealismo. Le fascinaba la imaginación de las personas, en especial la de los niños, y se hizo famoso por sus cuadros y esculturas coloridos, que parece que procedan de un mundo de fantasía.

¡El Pájaro del trueno trae truenos con el revoloteo de sus alas y rayos con el destello de sus ojos! Debajo de él se encuentran el oso marino, una ballena asesina y después un hombre con una rana. Más abajo vemos a Bakwas («hombre salvaje de los bosques»), con una nariz amarilla, y a Dzunukwa, una giganta que devora niños. Todos ellos son personajes de la leyenda de Kwakwaka'wakw.

LOS TÓTEMS

Wayne Alfred y Beau Dick 1991, y Ellen Neel 1955 (más próxima a la izquierda)

¡Resulta difícil imaginar que estas esculturas tan coloridas en un principio fueran cedros! Los tótems muestran la habilidad de los artistas tradicionales de la costa noroeste de América del Norte.

Historias de gran altura

¡Se puede tardar un año entero en tallar un tótem! El objetivo es narrar una historia, tal vez sobre un acontecimiento, una leyenda o sobre los miembros de una familia en particular. Un tótem consta de una serie de personajes que tienen un significado especial en la cultura local. A muchos animales y pájaros se les atribuyen poderes especiales o la capacidad de dar distintos tipos de suerte.

La figura con la cara verde de la izquierda es el Hombre Corteza de cedro rojo. Según las historias tradicionales, sobrevivió a una gran inundación y ofreció la primera canoa a las personas. Podemos verlo sujetando un barco con un dibujo, con el legendario pájaro Quolus extendiendo sus alas encima de él.

LA TRADICIÓN TOTÉMICA

Los nativos americanos han tallado tótems durante cientos de años, pero como la madera se pudre, los ejemplos más antiguos no han sobrevivido a nuestros días. Estos dos tótems son obra de artistas contemporáneos de la tribu Kwakwaka'wakw de la Columbia Británica, en Canadá. Podemos decir que son modernos por los colores brillantes de la pintura.

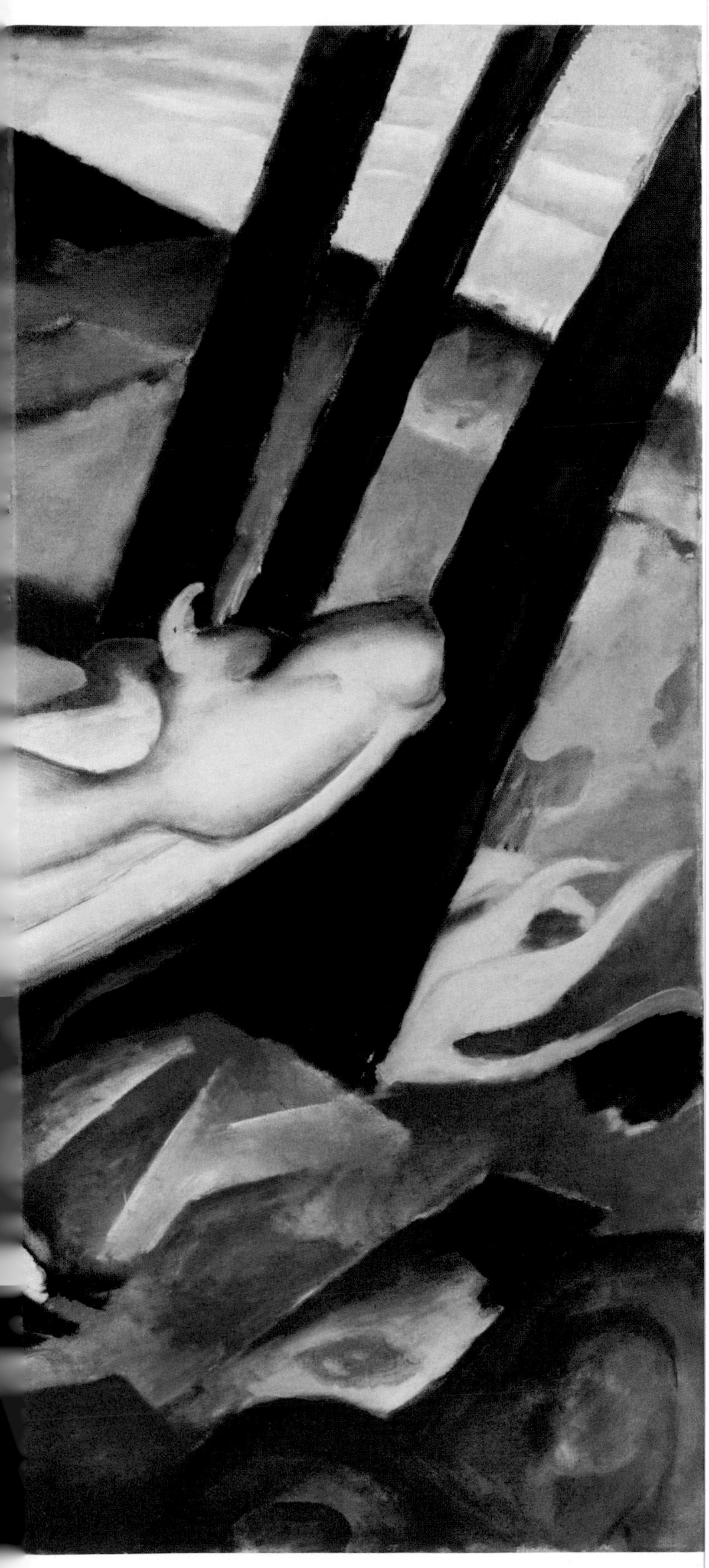

LA VACA AMARILLA

Franz Marc 1911

¿Has visto alguna vez una vaca amarilla con puntos azules? ¡Lo más seguro es que no! A Franz Marc le encantaba pintar cosas de la naturaleza, pero no copiaba con exactitud lo que veía.

De dentro hacia fuera

Marc decía que quería recrear los animales «desde dentro». Utilizaba colores para expresar distintos sentimientos. Para él, el amarillo era alegre, dulce y femenino: como esta vaca, que salta feliz por un paisaje soleado.

El estilo de pintura de Marc se conoce como expresionismo. Más que una visión realista del mundo, lo que capta es un estado de ánimo, haciendo que miremos las cosas de una manera distinta. De hecho, Marc sabía muy bien cómo pintar una vaca realista. Se pasaba muchas horas haciendo esbozos y estudiando a los animales, e incluso enseñó a otros artistas a dibujarlos.

¿QUIÉN FUE MARC?

Franz Marc nació en Alemania en 1880, y era hijo de un pintor de paisajes. Se inició en el arte a los 20 años y pronto empezó a organizar exposiciones con otros artistas expresionistas. A Marc le fascinaban los animales. Quería pintar el mundo a través de los ojos de éstos. Por desgracia, murió joven mientras luchaba en la primera guerra mundial.

DRAGÓN CHINO

Artista chino 1600-1635

Cuando se hizo este plato, los artistas no tenían pinturas como las nuestras. En su lugar, utilizaban pigmentos: pastillas sólidas de colores que se convierten en polvo al triturarlas y que se mezclan con líquido. Este azul procede de una sustancia llamada cobalto, que se ha usado en la porcelana china durante más de mil años.

El cuerpo de una serpiente, las garras de un águila, las escamas de un pez... ¡se pueden ver varios animales en un dragón chino! Están pintados en un plato de porcelana, rodeados de espirales decorativas.

Unos seres curiosos

Los artistas pueden divertirse con los dragones porque son imaginarios: ¡nadie sabe qué aspecto tienen en realidad! En la mitología china suelen ser amables, a diferencia de los dragones de Europa, que escupen fuego. Son gobernadores del agua y de la meteorología, así como símbolos del poder y de la buena suerte.

Estos tres dragones tienen una especie de collar en la cabeza, como los de los lagartos, y cuerpos ondulados que serpentean alrededor del plato. Las cuatro garras muestran que son dragones normales, ya que si tuvieran cinco, significaría que pertenecían a un emperador. Las formas redondeadas que persiguen los dragones son perlas mágicas y llameantes. Todo está pintado con un único color: el azul cobalto. Para pintar los detalles, el artista utilizó un pincel fino para trazar el contorno y después rellenó el interior.

¿CÓMO SE HIZO?

Este tipo de pintura sobre cerámica se llama «vidriado azul». El diseño azul se pinta sobre porcelana blanca seca, y después se baña con un vidriado protector trasparente. A continuación, se hornea o se cuece a una temperatura alta para que se endurezca la porcelana y se fije el vidriado.

RETRATO DE MAURICE

Andy Warhol 1976

Andy Warhol era famoso por sus pinturas de personas ricas y famosas, ¡aunque también le gustaba hacer retratos de los animales de estos individuos! Este perro salchicha era de la coleccionista de arte Gabrielle Keiller.

Un perro deslumbrante

¡En realidad, Maurice el perro salchicha no era azul, rosa y rojo! A Warhol le gustaba experimentar con los colores atrevidos, que llaman la atención, porque le recordaban a los anuncios y a la vida moderna. Tomó fotografías de Maurice y después trabajó sobre ellas en su estudio. Para componer esta serigrafía, trasfirió tinta a través de un estarcido sobre una pantalla de seda.

Warhol escribió una vez: «Nunca he conocido a un animal que no me gustara» y, de hecho, él mismo tenía dos perros salchicha. Podemos ver su amor por los animales en este retrato de Maurice, que nos mira directamente con sus ojos encantadores.

¿QUIÉN FUE WARHOL?

Andy Warhol nació en Estados Unidos en 1928. Mostró su talento artístico desde muy pequeño, y le encantaban las películas, la fotografía y los dibujos animados. Se hizo famoso por su pop art, inspirado por las imágenes publicitarias y la elegancia de las estrellas. ¡Archie, uno de sus perros salchicha, solía aparecer a su lado en las fotografías!

JINETES BAJO LA LLUVIA

Edgar Degas, entre 1883-1886

¡Cuando miramos esta pintura sabemos exactamente cómo se sienten los caballos! Degas nos muestra sus nervios y emoción antes de una carrera, con el añadido de la inquietud de una tormenta.

Un comienzo tormentoso

Las marcas fuertes y coloridas dan vida a este decorado pastel. Degas ha dibujado rayas alargadas de color azul para mostrar la fuerza con que cae la lluvia. Las rayas diagonales de color verde hacen que la hierba parezca estar moviéndose mientras, a lo lejos, los árboles se inclinan con el viento.

Observa cómo los caballos están en un lado del dibujo y cómo incluso algunos aparecen cortados en el borde de la imagen. Degas quería que notáramos la tensión de los caballos mientras esperan en fila, como si estuvieran a punto de echar a correr por el campo.

¿QUIÉN FUE DEGAS?

Edgar Degas nació en Francia en 1834. A los 18 años, había creado su propio estudio. Le encantaba hacer dibujos de situaciones cotidianas, y le fascinaban las bailarinas y los caballos y su forma de moverse. En su época, se consideraba muy atrevida la forma en que cortaba las figuras y las mostraba desde ángulos poco habituales.

LÉXICO E INFORMACIÓN SOBRE ARTE

abstracto No representa un objeto, lugar o ser vivo real. El arte abstracto suele centrarse en formas simplificadas, líneas, colores o el uso del espacio.

collage Dibujo que consiste en pegar trozos de papel, tela u otros objetos en una superficie.

colores complementarios Colores que son opuestos en el círculo cromático (*véase* cuadro inferior). Si ponemos dos colores complementarios uno al lado del otro, parecen más intensos.

cubismo (1907-1920) Estilo artístico que consiste en componer imágenes con formas geométricas sencillas.

esbozo Dibujo o pintura realizado con rapidez, por lo general para facilitar la planificación de una obra artística.

esculpir Hacer una obra artística tridimensional llamada escultura. Dos tipos de escultura son el tallado y la arcilla para modelar, y la persona que lo hace se denomina escultor.

estarcido Plantilla que permite a la pintura o la tinta traspasar los huecos a la vez que impide el paso a otras zonas.

estudio Lugar donde trabaja un artista o un fotógrafo.

exposición Exhibición de obras para que las vean otras personas, por ejemplo en una galería o en un museo.

expresionista Perteneciente al estilo artístico denominado expresionismo (1905-1920). El arte expresionista trabajaba con los sentimientos y las emociones, que solían mostrarse a través de formas distorsionadas o colores.

fauvismo (alrededor de 1905-1910) Estilo artístico que se centraba en colores intensos y vibrantes y pinceladas atrevidas.

grabado Técnica que consiste en trasferir una imagen de una superficie a otra. Para ello, se suele esparcir tinta sobre un diseño en relieve o en bajorrelieve y después se presiona sobre un

RELACIONES ENTRE LOS COLORES

En el arte existen tres colores primarios: el **rojo**, el **amarillo** y el **azul**. Son colores que no se obtienen con la mezcla de ningún otro color. Cada color primario tiene un opuesto o complementario, que se obtiene con la mezcla de los otros dos.

Si mezclas un color con su complementario, obtendrás un tono de color marrón.

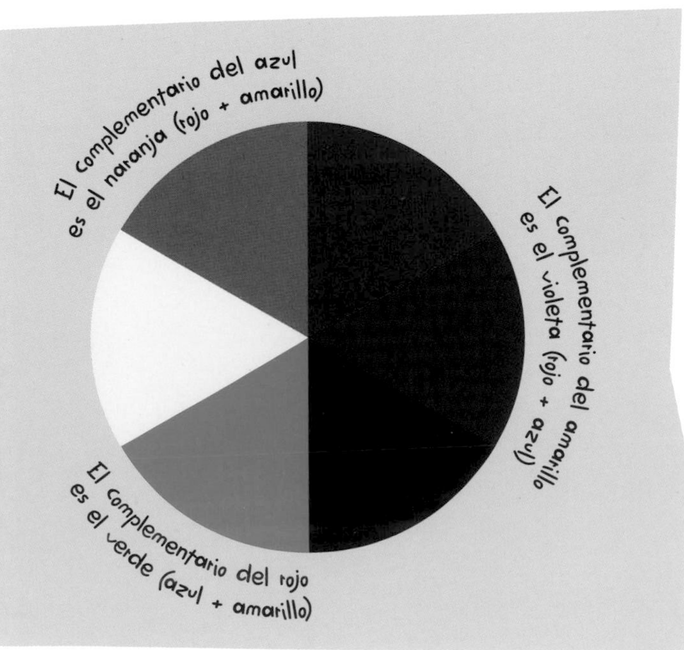
El complementario del azul es el naranja (rojo + amarillo)
El complementario del amarillo es el violeta (rojo + azul)
El complementario del rojo es el verde (azul + amarillo)

papel. El resultado es una imagen inversa o negativa que se puede reproducir muchas veces.

ilustración Imagen que explica o decora una historia u otro texto.

linóleo Material duro, lavable y con una superficie lisa. Los artistas pueden raspar un dibujo y después cubrirlo de pintura o tinta para hacer un estampado.

litografía Tipo de grabado en el que el dibujo se hace sobre piedra o metal con una sustancia grasienta. A continuación, se cubre de tinta, que sólo se adhiere a las partes grasientas, y se imprime en papel.

mural Dibujo que se pinta directamente en una pared.

pop art (mediados 1950-1960) Estilo artístico que exaltaba las imágenes atrevidas y llamativas de la publicidad, los cómics y la vida moderna.

porcelana Material blanco de arcilla que se utiliza para hacer porcelanas (o cerámica).

serigrafía Técnica de estampación mediante la trasferencia de tinta sobre un estarcido marcado en una pantalla de seda. La tinta traspasa los diminutos huecos de la seda que no están cubiertos por el estarcido.

simétrico Cuando el lado de una figura es un reflejo del otro lado.

surrealismo (1924-1940) Estilo artístico que exploraba el mundo de los sueños, la imaginación y el inconsciente. Las obras surrealistas suelen mostrar cosas conocidas, pero de una forma inesperada o imposible.

tallado Ilustración que se hace cortando un material sólido, como madera o piedra.

textura Sensación que produce una superficie, como una piel áspera o unas escamas lisas.

LISTA DE MATERIALES PARA LOS PROYECTOS

Éstos son los materiales que necesitarás para cada proyecto. Los que están entre paréntesis son útiles pero puedes suprimirlos.

Recorta una serpiente (página 7): cartulina blanca, papeles de colores vivos, tijeras, pegamento.

Amigos peludos (página 9): pinturas acrílicas, pinceles, esponja, palillo de cóctel.

Monos con pliegues (página 11): cartulina de color, tijeras, máquina de agujerear papel, pegamento.

Grabado marino (página 13): cartón duro, lápiz, cola blanca, cuerda o cordel grueso, tijeras, esponja o rodillo, pintura espesa, papel blanco, papel de color (envoltorio de burbujas, bayeta, pajitas de beber).

Plumas fabulosas (página 15): papel grueso o cartulina blanca, lápiz, pasteles al óleo, pinturas acrílicas, pinceles (palillo de cóctel, cucharilla).

Mosaico de peces (página 17): papel cuadriculado, cartulina fina, pegamento, regla, lápiz, tijeras, celo, papel blanco, materiales para colorear (por ejemplo, rotuladores, pasteles al óleo, acuarela, pinceles).

Seres alocados (página 19): papel grueso blanco, lápiz de cera negro, pinturas de base acuosa, pinceles (plastilina).

Tótem artesano (página 21): rollo de cartón, papeles de distintos colores, regla, celo, lápiz o tiza, tijeras (tijeras en zigzag), pegamento, cartón duro.

Ovejas expresivas (página 23): papel grueso blanco, esponja, pinturas brillantes, paleta o plato de papel, folio grande de papel, pincel, tijeras, pegamento.

Dragón cautivador (página 25): plato de papel, lápiz, pintura azul, pincel fino, pincel grueso (purpurina o pintura con purpurina).

Gatos de colores (página 27): cartón fino, lápiz, tijeras, papel grueso blanco, clips, pinturas brillantes, esponja, cartulina de color, pegamento, tira de cartulina.

Una carrera de caballos bajo la lluvia (página 29): lápiz, papel azul para pastel, pasteles blandos o tizas.